Dieses Buch gehört

Liebe Eltern,

wir wollen Ihr Kind beim Lesenlernen unterstützen, und zwar mit Geschichten, die Spaß machen.

Unsere Bücher mit dem liebenswerten Leselöwen begleiten Ihr Kind durch die 2. Klasse. Sie enthalten Geschichten zu spannenden Themen, mit einfachen Sätzen und gut lesbarer Schrift. Viele bunte Bilder sorgen für Lesepausen und helfen, die Geschichten zu verstehen. Mit den Aufgaben zum Text kann Ihr Kind selbst prüfen, ob es den Text richtig verstanden hat. Zu den markierten Wörtern warten am Ende des Buches spannende Fakten und in unserem Onlineportal finden Sie viele weitere Extras.

So wird Ihr Sohn oder Ihre Tochter zum echten Leselöwen!

Ihr
Leselöwe

Jetzt geht es los!

Dorit Linke

Ein Fall für die Tierretter

Illustriert von Silvio Neuendorf

www.leseloewen.de

FSC
www.fsc.org
MIX
Papier aus ver-
antwortungsvollen
Quellen
FSC® C018236

ISBN 978-3-7432-0775-2
2. Auflage 2022
© 2021 Loewe Verlag GmbH, Bühlstraße 4, D-95463 Bindlach
Umschlag- und Innenillustrationen: Silvio Neuendorf
Umschlaggestaltung: Kathrin Tobian
Vignetten Leselöwe und Sticker: Angelika Stubner
Printed in the EU

www.loewe-verlag.de

Inhalt

Wer wohnt denn da?

„Die Hühner haben Hunger",
ruft Papa in der Küche.
„Wir füttern sie", sagt Tine.
Zusammen mit ihrem Bruder Paul
geht sie hinaus in den Garten.

Draußen vor dem Hühnerstall
zeigt Paul auf den Futternapf.
„Sieh mal! Er ist umgekippt!"
Auch Tine wundert sich sehr.
„Fast das ganze Futter ist weg!"

Vier braune und drei gelbe Körnchen

liegen verstreut im grünen Gras.

Paul blickt Tine an.

„Wer hat das Futter denn gegessen?"

„Die Hühner waren das nicht",

sagt sie nachdenklich.

„Die sind im Stall."

In der hinteren Ecke vom Garten
steht der alte Apfelbaum.
Tine schaut hoch in die Zweige.
„Vielleicht hat ein Vogel
die Körner aufgepickt?"
Beide gehen rüber zum Baum.
Ein Grashalm kitzelt Tine am Fuß.

„Da!" Tine zeigt auf ein Loch

in der Nähe vom Baumstamm.

Neugierig hocken sie sich hin.

Das dunkle Loch führt

tief hinein in die Erde.

Eine Ameise läuft vorbei.

„Unheimlich", murmelt Paul.

„Da unten ist bestimmt eine Höhle."

Tine streckt ihren Arm aus.

„Nein", flüstert Paul ängstlich.

Doch Tine tastet mit dem Finger

vorsichtig über den Rand des Lochs.

„Schau, ein gelbes Futterkorn!"

Es liegt jetzt auf Tines Hand.

Paul reißt die Augen auf.

„Das ist eine Spur!"

Tine ist begeistert.

„In unserem Garten lebt ein Tier."

„Ein richtig hungriges", sagt Paul.

„Es hat das Hühnerfutter gemopst!"

Paul rückt vom Loch weg.

„Vielleicht ist es ein Monster",

zischt er Tine ins Ohr.

Doch Tine schüttelt den Kopf.

„Die fressen keine Körner."

Paul hebt den Finger.

„Dann ist es eine Maus!"

„Glaub ich nicht", meint Tine.

„Mauselöcher sind nicht so groß."

17

Paul zeigt auf einen Vogel,

der hoch oben im Baum sitzt.

„Aber Paul!" Tine lacht.

„Vögel wohnen nicht in der Erde."

Tine steht auf.

„Wir werden herausfinden,

welches Tier das ist."

„Wie denn?", fragt Paul.

„Wir legen uns heute Abend

im Garten auf die Lauer!"

Tine zwinkert ihm geheimnisvoll zu,

denn sie hat schon eine Vermutung.

Wenn diese wirklich stimmt,

muss dem Tier geholfen werden!

Auf der Lauer

Paul schleppt sein Fernglas
und eine Taschenlampe.
Tine trägt das kleine Zelt,
ein Buch über wild lebende Tiere
und Papas Zollstock.
Sie bauen das Zelt auf und
tarnen es mit Ästen und Blättern.

„Komm mit! Wir sammeln Beweise!"
Tine geht zum Baum und schiebt
den Zollstock quer über das Loch.
Paul sieht ihr neugierig zu.
„Sechs Zentimeter", murmelt Tine.

Jetzt kann es losgehen!

Sie legen sich ins Zelt.

Paul blickt durch sein Fernglas.

„Gute Sicht auf Baum und Loch,

habe alles im Visier", flüstert er.

Tine holt ihr Notizheft raus.

Sie schreibt: „6 Uhr, alles ruhig."

Plötzlich streift ihr Kater Otto
aufmerksam um den Baum herum.
„Ah", schreit Paul. „Geh weg!
Sonst kommt das Tier nie raus!"
Otto mauzt und huscht davon.
Tine notiert: „Es wird dunkler
und ein wenig gefährlich."

Ein Uhu ruft, eine Krähe krächzt.

Irgendwo knarrt ein Ast.

Paul rückt näher an Tine heran.

„Es ist richtig gruselig!"

Tine nimmt seine Hand:

„So geht es Tierforschern immer!"

Ein leises Rascheln,

plötzlich und ganz nah.

Paul sitzt aufrecht. „Da!"

Auch Tine sieht es:

Ein kleines Tier hockt

zwischen Apfelbaum und Holzzaun.

Es läuft zum Hühnerstall.

Tine springt auf.

„Komm, wir verfolgen es",

zischt sie und schnappt sich

die Taschenlampe.

Sie schleichen zum Stall.

Tine knipst die Taschenlampe an.

Das Tier sitzt vor dem Futternapf.

Im hellen Licht stellt es sich

auf seine Hinterbeine

und macht sich richtig groß!

Auf seinem schwarzen Fellbauch
sind weiße und braune Flecken.
Der Bauch sieht fast aus
wie ein richtiges **Raubtiermaul**!
Das Tier bläst die Backen auf,
klappert mit den Zähnen und faucht.
Tine hat ein wenig Angst.

Auf der Wand des Hühnerstalls
ist der dunkle Schatten vom Tier.
„Miau", ertönt es hinter ihnen.
Tine und Paul drehen sich um.
Da lauert schon wieder Otto!

Der Schatten am Hühnerstall

ist nun leider verschwunden.

Sie kriechen zurück ins Zelt.

„Schade, es hat Angst bekommen.

Aber ich weiß, wer das war."

Tine gibt Paul ihr Buch.

„Schau mal, ob du es rauskriegst."

Paul guckt sich die Tierbilder an.

Eichhörnchen und Haselmaus,

Siebenschläfer und Wildkaninchen.

Tine malt währenddessen

den bunt gefleckten Tierfellbauch

in ihr kleines Notizheft.

SÄUGETIERE

6 cm

Feldhamster

Cricetus Cricetus

20 - 34 cm

Haselmaus

15 cm

Muscardinus avellanarius

Eichhörnchen

20 - 40 cm

Sciurus vulgaris

Siebenschläfer

24 - 35 cm

Glis glis

Wildkaninchen

20 - 45 cm

10 - 15 cm

Oryctolagus cuniculus

SÄUGETIERE

„Da! Das ist es!"

Paul tippt auf eins der Bilder.

„Feldhamster", liest Tine vor.

„Der Eingang zu seinem **Bau**

ist sechs Zentimeter breit."

„Das hast du vorhin ausgemessen",

ruft Paul begeistert.

In der Nähe krächzt die Krähe.

Paul blickt etwas ängstlich

vom Zelt raus in die Dunkelheit.

„Mir ist ganz doll kalt!"

„Komm, wir gehen wieder

zurück ins Haus", sagt Tine.

Ein Fall für Tine und Paul

„Feldhamster sind bedrohte Tiere",
erklärt Tine im Kinderzimmer.
„Es gibt nur noch ganz wenige."
Sie weiß das von Frau Linz.
Die Naturschützerin hat
in der Schule einmal einen Vortrag
über Feldhamster gehalten.

„Das ist ja schlimm!"
Paul sieht erschrocken aus.
Tine ist plötzlich traurig,
sie spricht sehr leise.
„Die Hamster werden von ihrem Feld
durch die Traktoren vertrieben.
Sie haben kein Zuhause mehr."

Langsam setzt sich Paul
zu Tine aufs Bett.
„Wohnt der Feldhamster deshalb
hier bei uns im Garten?"
Tine nickt. „Aber da ist er
leider auch nicht sicher.
Denk an Kater Otto!"

Paul springt rasch auf.

„Wir müssen den Hamster retten",

ruft er aufgeregt.

Das findet Tine auch.

Schließlich steht der Feldhamster

auf der **Roten Liste**!

Sie rennen ins Schlafzimmer.

„Alarmstufe Rot! Aufwachen!"

Papa hält sich die Ohren zu.

„Warum macht ihr solchen Lärm?",

grummelt er mürrisch.

„Kommt alle mit in den Garten!"

Mama ist entsetzt: „Jetzt?"

Eine Viertelstunde später
strahlt Paul mit der Taschenlampe
auf das Loch in der Erde.
„Donnerwetter", schnauft Papa.
„Wir haben einen Mitbewohner."

Mama seufzt. „Ausgerechnet da, wo wir
unseren Pool aufbauen wollen."
„Das geht nicht mehr",
sagt Tine sehr entschlossen.
Paul nickt mehrmals heftig.
„Nanu?" Papa ist verwundert.
„Das ist doch euer Herzenswunsch!"

„Wir müssen den Hamster beschützen,

sonst stirbt er!

Das ist wichtiger als der Pool."

Tine weiß nun, was zu tun ist.

„Morgen rufen wir Frau Linz an.

Sie kennt sich mit Hamstern aus."

Das richtige Zuhause

Am Morgen klingeln Paul und Tine
bei allen Nachbarn in der Straße.
„Dürfen wir den Garten untersuchen?
Wir sind Tierforscher", ruft Paul.
Das war Tines tolle Idee.
Vielleicht sind auch andere Hamster
vom Feld in die Gärten gezogen?

Bei der alten Dame Mühlenbach

finden sie ein weiteres Loch.

„Genau sechs Zentimeter!"

Paul hält stolz den Zollstock hoch.

Tine schreibt in ihr Heft:

„Noch ein Tatort: Feldhamsteralarm

im Garten von Frau Mühlenbach."

„Wir müssen Bauer Bruno treffen",
bemerkt Tine auf dem Nachhauseweg.
„Er kann den Hamstern helfen,
das hat Frau Linz vorhin gesagt."
Bauer Bruno gehört das Feld
mit den vielen Weizenstoppeln.

Am Nachmittag steht Bauer Bruno
in ihrem Garten am Apfelbaum.
„Frau Linz hat mir erzählt,
wer bei euch wohnt", brummt er
und schaut dabei ins Hamsterloch.
Papa reicht ihm eine Limo.
„Danke fürs Herkommen!"

Tine sieht den Bauern ernst an.

„Der Hamster musste umziehen,

weil sein Zuhause zerstört wurde."

Paul hebt seinen Arm. „Da!"

Ein Traktor fährt laut dröhnend

über das weite und leere Feld.

Staub und Steine wirbeln herum.

„Kann der Hamster nicht einfach
bei uns im Garten bleiben?"
„Nein, Papa!", ruft Tine.
„Kater Otto will ihn fressen.
Und der Hamster braucht mehr Platz,
um eine Familie zu gründen."
Das weiß sie aus ihrem Buch.

Bauer Bruno runzelt die Stirn.

Ist er sauer? Oder grübelt er?

Tine nimmt ihren Mut zusammen:

„Muss Ihr Traktor unbedingt

überall auf dem Acker rumfahren?"

Auch Paul hat eine Idee:

„Ein Hamster mag dichte Büsche!"

„Dort könnte er sich auch
vor Greifvögeln verstecken",
murmelt Bruno nachdenklich.
„Ihr habt wirklich gute Vorschläge.
Mir war das alles nicht bewusst,
als ich die vielen Büsche
vom Feldrand entfernt habe."

Dann lächelt er gutmütig:

„Ich pflanze viele Hecken.

Sie bieten dem Hamster Schutz.

Und ich lege auf dem Feld

breite **Hamsterstreifen** an,

über die kein Traktor fahren darf."

„Toll!", jubeln Tine und Paul.

Schon einige Tage später stehen

neu gepflanzte Hecken auf dem Feld.

Aber der Hamster hat den Eingang

zu seinem Bau schon verschlossen.

Er hält seinen Winterschlaf

im Garten von Tine und Paul.

Der Winter kommt und geht.

An einem Frühlingstag ist plötzlich

der Eingang des Hamsterbaus

aufgebuddelt, das Hühnerfutter

steht offen im Garten.

Kein Körnchen wurde gemopst.

Tine weiß: Der Feldhamster

wohnt wieder auf dem Feld.

Das ist sein richtiges Zuhause,

da fühlt er sich wohl.

Sitzt er nicht gerade dort,

in der Hecke, zwischen Gräsern?

1. **Verkehrt herum! Wessen Futter wird gemopst? Kreuze an.**

☐ Rentier

☐ Renpüh

☐ Renhüh

Antwort: Hühner

2. **Welche drei verdächtigt Paul als Futterdiebe? Finde sie im Buchstabengitter.**

L	I	Ö	M	A	U	S
G	R	U	O	S	E	P
R	Z	U	N	F	D	K
V	L	B	S	O	K	L
N	L	K	T	S	G	Ö
V	O	G	E	L	Z	H
R	E	N	R	Q	W	I

Antwort: Maus, Monster, Vogel

54

3. Welchen Vorschlag macht Tine? Kreuze an.

Wir legen uns heute Abend …

☐ … ins Bett.

☐ … auf die Lauer.

☐ … auf den Rücken.

Antwort: Wir legen uns heute Abend auf die Lauer.

4. Bringe die Buchstaben in die richtige Reihenfolge. Tine und Paul ziehen ins Zelt und beobachten alles wie richtige …

FROSCHTREIER

Antwort: Tierforscher

5. Welches Tier hat das Futter wirklich gemopst? Kreise ein.

Antwort: Feldhamster

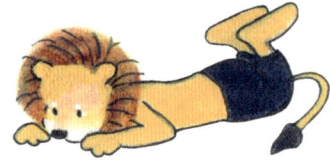

6. **Ergänze die fehlenden Buchstaben. Wie sieht der Bauch des Futterdiebs aus?**

Wie ein …

RA___B___IERMA___L

Antwort: Raubtiermaul

7. **Wie viele Zentimeter ist der Eingang zur Höhle des Feldhamsters breit? Rechne aus.**

☐ 22+16= _____

☐ 22-16= _____

☐ 16-12= _____

Antwort: 22-16=6 Zentimeter

8. **Auf welcher Liste steht der Feldhamster? Kreuze an.**

☐ Warteliste

☐ Rote Liste

☐ Schwarze Liste

9. **Lies genau in Spiegelschrift. Bei wem finden Paul und Tine einen zweiten Bau?**

Bei der alten Dame …

☐ Nühlembach

☐ Mühlenbach

☐ Muhlembäch

10. **Was legt Bauer Bruno auf dem Feld an, um dem Hamster zu helfen? Bringe die Silben in die richtige Reihenfolge.**

STREI HAMS FEN TER

tarnen (Seite 20):

Mit Ästen und Blättern bedeckt ist Pauls und Tines Zelt im Garten nicht sofort zu erkennen. Das nennt man Tarnung.

Raubtiermaul (Seite 28):

Der Feldhamster ist ein friedliches Tier. Doch wenn er Angst bekommt, dann macht er sich richtig groß, um andere zu erschrecken, damit sie ihm nichts tun. Sein dunkler Bauch und die hellen Pfoten sehen dann aus wie ein aufgerissenes Raubtiermaul. Das ist ein Sonderfall der Tarnung: Der Hamster macht sich nicht unsichtbar, sondern „verkleidet" sich als ein stärkeres Tier.

Bau (Seite 32):

Jeder Feldhamster lebt in einem eigenen Bau unter der Erde. Er buddelt sich eine Schlafkammer,

Vorratskammer   Schlafkammer   Toilettenkammer

eine Toilettenkammer und mindestens eine Vorrats-kammer. In der lagert er zwei bis vier Kilo Samen und Körner für den Winter, die er zuvor mithilfe seiner Hamsterbacken gesammelt hat.

Rote Liste (Seite 37):

Auf der Roten Liste stehen alle Tiere und Pflanzen, die gefährdet oder sogar vom Aussterben bedroht sind. Auch der Feldhamster gehört dazu. Auf riesigen Feldern, die von Erntemaschinen ratzekahl abgeerntet und gepflügt werden, können Hamster sich nicht gut verstecken und finden nicht genug Futter.

Hamsterstreifen (Seite 50):

Manche Bauern legen auf ihren Feldern Hamsterstreifen an. Die werden nicht mit abgeerntet und umgepflügt. So bieten sie Schutz und Nahrung für die Feldhamster. Es gibt in Deutschland viele Menschen, die sich für den Schutz der Feldhamster einsetzen, vielleicht auch in deiner Umgebung? Recherchiere doch einfach mal.

Blättere schnell um und trage die roten Buchstaben in der richtigen Reihenfolge in die Kästchen ein!

Dorit Linke wurde 1971 in Rostock geboren. Sie hat Landschaftsplanung in Berlin studiert, wo sie heute wohnt und als Kinder- und Jugendbuchautorin arbeitet. Umweltthemen liegen ihr am Herzen, ebenso wie ihre Tätigkeit als Zeitzeugin und das Schreiben über die DDR.

Silvio Neuendorf, 1967 in Düren geboren, studierte Design in Aachen und illustriert seit 1995 Bücher für Kinder und Erwachsene. Sein Lieblingsmotiv ist ein kleines Nashorn, das er in vielen seiner Bücher versteckt. Silvio Neuendorf lebt mit seiner Frau, seinem Sohn und drei Katzen im schönen Kornelimünster bei Aachen.

Das Leselöwen-Lösungswort

Besuche den Leselöwen auf
www.leseloewen.de und trage
die farbigen Buchstaben
von der Seite *Schon gewusst?*
in der richtigen Reihenfolge
in die magische Box ein.

Wenn du das Lösungswort
gefunden hast, kommst du
auf die geheime Seite mit vielen
weiteren Spielen und Rätseln!

Der **Leselöwe** freut sich auf dich!

Jetzt
online!